DIVERS PROJETS D'ÉDIFICES

PROPOSÉS EN 1841

POUR TRANSFÉRER

LA BIBLIOTHÈQUE ROYALE

DANS LE XIe OU LE XIIe ARRONDISSEMENT DE PARIS.

DIVERS PROJETS D'ÉDIFICES

PROPOSÉS EN 1841

POUR TRANSFÉRER

LA BIBLIOTHÈQUE ROYALE

DANS LE XIe OU LE XIIe ARRONDISSEMENT DE PARIS

PAR GAUCHÉ

ARCHITECTE, AUTEUR D'UN PROJET D'ABATTOIR GÉNÉRAL A L'ÎLE DES CYGNES, EN 1802, POUR LE SERVICE DES BOUCHERIES DE PARIS, ET SPÉCIALEMENT CHARGÉ DE L'ABATTOIR DE GRENELLE, EN 1808, ET DE L'ENTREPÔT DES VINS, EN 1811, ETC.

    Le XIe et le XIIe arrondissement réclament une bienveillance spéciale de la part de l'Administration, il la leur faut; le besoin est urgent; et c'est avec bonheur que nous avons entendu des voix généreuses se faire à la Tribune l'écho des plaintes, justement fondées, des propriétaires qui les habitent. Le 4 février dernier, la Chambre des Députés, après avoir accordé un crédit de 30,000 fr. pour la Bibliothèque de l'Arsenal, a fixé à 978,000 fr. la somme allouée pour la construction des bâtiments destinés à l'école Normale. Ce vote a été confirmé par celui de la Chambre des Pairs, le 9 mars suivant. Voilà donc que des travaux assez importants vont y être exécutés; espérons qu'ils se multiplieront, et que des efforts sages et soutenus arracheront ces deux arrondissements à l'état de stagnation dans lequel ils sont depuis si longtemps plongés.

    La translation de la BIBLIOTHÈQUE ROYALE dans le XIe ou le XIIe arrondissement ne serait pas capable assurément de leur donner la vie et le mouvement comme dans les quartiers populeux de la rive droite; telle n'est pas l'exagération de notre pensée; mais nous sommes convaincu qu'ils en tireraient un immense avantage, en même temps que l'élégant quartier de la Bourse gagnerait à être débarrassé du triste et noir édifice qui le dépare aujourd'hui. C'est donc à la fois un projet d'embellissement et d'utilité générale que nous présentons : embellissement, par la suppression de l'ancien monument, par la démolition des vieilles maisons, et leur remplacement par un édifice nouveau; c'est un projet d'utilité générale : il est facile d'en être convaincu en observant que le local précédemment occupé est devenu insuffisant; en se demandant quelle est dans Paris la place naturelle de la plus belle collection de livres, de manuscrits, de cartes, d'estampes et de médailles; en réfléchissant enfin que les démolitions doivent porter sur des constructions de *peu de valeur* formant des rues tortueuses et étroites. Les propriétés voisines acquerront donc ultérieurement une valeur supérieure à celle qu'elles ont aujourd'hui, valeur qui sera augmentée par le fait même de la diminution numérique des habitations. Or, quelle est la place naturelle de la Bibliothèque? Évidemment elle doit être située au centre de ceux pour lesquels elle existe. Ce sont incontestablement les savants, les littérateurs, les professeurs et les élèves des diverses facultés.

Avares du temps qu'ils donnent à l'étude, le peuvent-ils dépenser à traverser Paris? Conserver la Bibliothèque rue Richelieu, ce ne serait pas une erreur moindre que d'avoir fait la Bourse au faubourg Saint-Jacques ou Saint-Germain. La place du Temple de la fortune était marquée au milieu des financiers. Celui de la science n'appartient-il pas aux hommes qui ont voué leur vie au culte de ses autels? Et si chaque quartier peut à juste titre s'enorgueillir d'en abriter quelques-uns, lequel oserait croire en posséder plus que celui auquel sa richesse intellectuelle a valu le nom de quartier Latin? S'ils ne sont pas tous enfermés dans la circonférence qui le limite, du moins ils s'en éloignent peu, comme ces établissements scientifiques qui se groupent à son voisinage. *Vingt-huit pensions, treize institutions particulières, cinq colléges royaux et municipaux, école Normale, école Polytechnique, école de Pharmacie, faculté de Théologie, faculté des Sciences, faculté des Lettres, faculté de Droit, faculté de Médecine*, tout est sur la rive gauche de la Seine, dominée par les deux premiers établissements du monde où, de tous les coins de l'univers, on vient apprendre les mystères de la science transcendante, le collége de France et le jardin du Roi.

Auprès de ces nombreuses écoles où la science est professée, sont les laboratoires dans lesquels on la prépare, et la nécessité de les construire à côté a été évidente pour les hommes de tous les siècles. Les bibliothèques Sainte-Geneviève, Saint-Germain-des-Prés, Saint-Victor, Mazarine, n'en sont-elles pas des témoignages incontestables? Ils parlent assez haut; mais pourtant, feuilletons rapidement leurs archives, et nous verrons par la série des noms illustres de ceux qui les ont fondées ou agrandies, que, depuis plus de treize cents ans, on a sans cesse travaillé à centraliser tout ce qui tient à l'instruction, là où le transport de la Bibliothèque Royale la fixerait définitivement.

La Bibliothèque Royale elle-même s'est déjà trouvée sur la rive gauche de la Seine; en y revenant, elle ne fera que reprendre la position qu'elle a longtemps occupée; mais l'histoire de ses émigrations est aussi remplie d'intérêt que l'étude de son accroissement successif est importante aux prévisions de son augmentation future. Voyons simultanément l'une et l'autre.

Sous le roi Jean, au quatorzième siècle, cette bibliothèque se composait seulement de huit à dix volumes.

Sous Charles V, son successeur, le nombre des livres s'élève à neuf cent dix volumes.

Sous François Ier, à dix-huit cent quatre-vingt-dix; sous Louis XIII, à seize mille sept cent quarante-six.

En 1648, sous Louis XIV, le nombre de ces livres, sans y comprendre les manuscrits de Brienne et de Mazarin, ni celui des divers recueils d'estampes et de cartes, montait à cinquante mille cinq cent quarante-deux.

Avant la révolution, on évaluait le nombre des livres imprimés, non compris une grande quantité de pièces détachées contenues dans les portefeuilles, à environ deux cent mille. Aujourd'hui, le nombre des imprimés s'élève à environ quatre cent mille.

Celui des manuscrits à environ quatre-vingt mille. Dans le dépôt des estampes et gravures, on compte quatre ou cinq cent mille pièces renfermées dans plus de vingt mille portefeuilles.

Dans le dépôt d'antiquités, plus de quatre-vingt mille médailles. Or, comme il est probable que l'accroissement successif du nombre des livres de la Bibliothèque Royale peut donner la mesure des divers degrés qu'ont parcourus dans leur marche ascendante les lumières de la civilisation, on pourra avec exactitude en marquer les pas et les rapports.

Cette précieuse et immense collection s'accroît continuellement, et malgré la vaste étendue des salles qui lui sont destinées, la place manque, un grand nombre de livres sont à terre. Le nombre des volumes envoyés annuellement à la Bibliothèque se monte à neuf mille environ, *six mille nationaux* et *trois mille étrangers*; si cet état de prospérité se soutient, dans cinquante ans, la masse de ses richesses sera doublée, et, au lieu de quatre cent mille, on en comptera huit cent mille.

Il devient donc indispensable d'augmenter les emplacements destinés au classement des livres; pour cela, il faut nécessairement faire construire.

Déjà depuis longtemps, MM. Boulet et Peyre, architectes de l'ancienne Académie royale d'architecture, s'étaient occupés de ce monument. Le premier proposa, en 1785, d'augmenter l'espace en couvrant la cour qui occupe le centre de l'édifice actuel et obtenir une vaste salle, laquelle aurait été divisée par des refends d'une certaine hauteur : leurs doubles faces auraient considérablement augmenté l'emplacement des livres.

Le deuxième, M. Peyre, inspecteur des bâtiments du roi à Saint-Germain, fit un projet de construction totale sur ce même emplacement; ce projet se trouve gravé en sept feuilles dans le recueil de ses œuvres, publié en 1818. Dans la page 2 de ce recueil, il s'exprime ainsi : « La Bibliothèque du Roi, qui est exposée chaque jour à « devenir la proie des flammes par le vice de ses bâtiments, a excité dans tous les temps la sollicitude du « gouvernement. J'ai fait, il y a quinze ans, un rapport à l'Institut sur les dangers auxquels cet édifice est « exposé. (Voyez tome IV *des travaux de la classe de littérature et beaux-arts*, page 101.) » Plus loin, il continue : « On proposa, sous Louis XV, de placer la Bibliothèque du Roi dans le Louvre : » projet qui a été renouvelé il y a peu d'années. M. Peyre fit aussi connaître qu'il proposa, en 1801, de construire un bâtiment pour placer la Bibliothèque sur les fondations de la Madeleine, dont les détails ont été publiés dans les *Mémoires des travaux de la classe de littérature et beaux-arts de l'Institut*, tome IV, page 402. Il annonça aussi que ce projet ferait partie de l'ouvrage qu'il publiait.

L'emplacement de la Bibliothèque du Roi, rue de Richelieu, et les bâtiments qui en dépendent, lui parurent offrir les moyens de proposer de prolonger les galeries des livres jusqu'à la rue Neuve-des-Petits-Champs, et de construire ces nouveaux bâtiments de manière à ce que ce précieux monument fût préservé des risques auxquels il est exposé journellement. Il a fait aussi connaître qu'il avait étudié ces projets, et qu'il s'était rendu compte des moindres détails de construction : le tout est représenté en sept feuilles. Toutes les salles auraient été voûtées ; les combles couverts en dalles de pierre formant caniveau, dont les joints recouverts de petits canaux en pierre, comme les terrasses qui couvrent les voûtes de Notre-Dame de Paris, dont la construction remonte à six cents ans.

Depuis, M. Delessert, député, proposa de construire un monument de forme circulaire d'environ 100 mètres de diamètre, dont le centre serait placé à l'intersection de l'axe prolongé du jardin et du palais des Tuileries et de celui du Louvre, afin de faire disparaître le défaut de parallélisme de ces deux palais.

M. Fontaine, architecte des palais royaux, eut la même pensée en proposant une galerie transversale dont une des faces aurait été parallèle au palais des Tuileries, et dont la masse des constructions d'inégale épaisseur eût pu permettre de faire l'autre face parallèle à celle du palais du Louvre. Un vestibule largement ouvert dans le milieu de la longueur de cette galerie n'aurait laissé aucun obstacle à la libre circulation et aurait caché à jamais le défaut de parallélisme qui se remarque chaque fois que l'on traverse cette place.

Après la mort des deux architectes, MM. Boulet et Peyre, M. Delaunoy fut chargé par le ministre de l'entretien et de la conservation du monument de la Bibliothèque ; il fit un projet de construction totale sur le même emplacement, augmenté de celui de la Trésorerie et même des maisons à la suite jusqu'à la rue Colbert. Ce nouvel édifice aurait été enveloppé par les rues de Richelieu et Vivienne, ainsi que par celles des Petits-Champs et Colbert. Ce projet avait été favorablement accueilli, mais on n'y donna pas de suite ; on en substitua même un autre, passible, dit-on, d'un reproche : c'est qu'il n'y avait aucun moyen d'introduire les divers approvisionnements indispensables dans tout établissement de ce genre.

L'auteur de ce dernier projet, M. Visconti, désigna, depuis, un emplacement qui avait été destiné à la construction d'une église ; c'est une partie du terrain de l'ancien couvent de Belle-Chasse, près la rue de Bourgogne ; mais ce terrain n'a pas la largeur convenable ; il eût fallu, pour l'augmenter, démolir des maisons bâties depuis peu d'années, dans la longueur d'une des rues adjacentes, tandis que cet emplacement se trouve être suffisant et convenablement placé pour desservir les circonscriptions de Sainte-Valère, des Missions Étrangères et de l'Abbaye-aux-Bois.

Ce projet abandonné, on proposa d'établir la Bibliothèque sur le quai d'Orsay, entre le palais de la Légion-d'Honneur et celui de la Chambre des Députés. L'évaluation des terrains et des hôtels qui le couvrent fut ordonnée ; mais le prix de ces propriétés, dans une des plus belles situations de Paris, s'élevant à des sommes énormes, a dû faire abandonner cette idée, et, par économie, on proposa, dit-on, de reléguer la Bibliothèque au marché du Temple. Il est vrai qu'il existe une différence énorme de valeur entre ces deux terrains, mais ils n'y sont pas plus propres que les localités actuelles : ce que j'ai dit de sa place naturelle au XIe arrondissement ruine tout projet de construction ailleurs.

Je proposai trois îlots renfermant beaucoup de cours, de jardins, et une très-grande partie de constructions d'une très-faible valeur.

Le premier îlot est compris entre la rue Saint-André-des-Arts et celle de l'École-de-Médecine, et sur les côtés, entre celle de l'Éperon, du Paon et le passage du Commerce. Cet îlot renferme l'emplacement et les jardins des bains de la rue du Paon, ainsi que des jardins bordant le passage à la cour de Rohan. L'entrée de la bibliothèque serait vis-à-vis la rue des Grands-Augustins.

Le deuxième îlot, celui formé par la place Saint-Sulpice, la rue des Canettes, celle du Four jusqu'au numéro 51, revenant au numéro 10 rue du Colombier, ou plutôt à l'alignement formé par le prolongement de la rue de Madame, jusqu'à celle du Four; au centre de cet îlot se trouvent d'assez grandes cours et des hangars servant à la construction des voitures publiques; presque tout cet intérieur est dans un mauvais état de construction.

L'entrée de la bibliothèque serait vis-à-vis le séminaire de Saint-Sulpice.

Le troisième îlot peut paraître plus convenable par sa position. Il est formé par les rues des Noyers, de Saint-Jean-de-Beauvais, de Saint-Jean-de-Latran, de la place Cambrai et de la rue Saint-Jacques, renfermant l'ancien enclos de Saint-Jean-de-Latran; dans l'intérieur est un chantier de bois à brûler et beaucoup de très-vieilles constructions.

L'entrée de la bibliothèque serait vis-à-vis celle du collége de France.

M. Visconti proposa de placer ce monument dans la pépinière du Luxembourg; il ne pensait pas alors à l'éloignement et à la difficulté d'y arriver dans le mauvais temps lorsque le jardin du Luxembourg est fermé; puis il proposa l'angle du quai d'Orsay et du quinconce des Invalides; ce qui fit dire avec raison que l'on ne pourrait jamais consentir à faire ce monument pour le seul avantage des militaires invalides et des habitants du Gros-Caillou.

Dernièrement enfin, divers journaux se sont plus ou moins occupés de l'emplacement de la Bibliothèque; celui des Artistes, page 390, rapporte une discussion qui aurait eu lieu sur l'urgence immédiate d'un nouvel édifice et ensuite sur le placement le plus convenable; trois opinions auraient été émises: 1° l'emplacement actuel; 2° le quai Malaquais, entre les rues des Petits-Augustins et des Saints-Pères; 3° la place Saint-Sulpice, vis-à-vis le séminaire. Le premier aurait été de suite abandonné; le deuxième aurait eu l'avantage d'être préféré; on avait donc pour un moment oublié les graves observations faites sur l'emplacement du quai d'Orsay relativement à la dépense énorme qu'il aurait entraînée; cependant beaucoup plus vaste et beaucoup moins onéreux que celui-ci, couvert de quinze hôtels (dont trois n'ont pas dix années de constructions), pouvant tous ensemble être évalués à cinq millions cinq cent mille francs, non compris les indemnités pour cause d'expropriation. Deux de ces hôtels, les numéros 11 et 13, sont en ce moment en vente sur l'enchère de huit cent mille francs. Cet emplacement sur le quai Malaquais, d'une superficie d'environ 11,200 mètres, ne peut permettre aucune augmentation de surface; celui de la place Saint-Sulpice, au contraire, dont la surface est beaucoup plus grande, étant de 13,608 mètres, et la valeur du mètre superficiel beaucoup moindre, laisserait encore la possibilité de supprimer les faibles constructions qui existent (d'une superficie de 2,240 mètres) de l'autre côté du prolongement de la rue Neuve-Madame, jusqu'à celle Saint-Guillaume, pour obtenir la place naturelle d'un bâtiment destiné à loger le directeur et les trois conservateurs (ainsi que les dépôts et magasins de service dans le rez-de-chaussée). Ces constructions préviendraient à jamais les causes d'incendies résultant des feux indispensables dans les habitations.

Les tableaux placés sur les plans offrent la comparaison des surfaces des terrains et des bâtiments, ainsi que la longueur des galeries de la Bibliothèque actuelle avec celle des projets présentés dès 1841, sur des emplacemens peu éloignés du centre des études, et dont les démolitions peu dispendieuses n'ayant lieu que presque sur toutes vieilles constructions, auraient contribué à embellir le quartier, tandis que les démolitions proposées sur le quai Malaquais portent sur des hôtels et sur de très-belles propriétés d'une grande valeur, s'élevant ensemble à environ six millions, ce qui ne contribuera qu'à paralyser des améliorations proposées depuis très-longtemps.

Enfin, si en abandonnant la place Saint-Sulpice il y avait une impérieuse nécessité de placer la Bibliothèque sur un quai, ne pourrait-on pas choisir, sur celui de Desaix, l'îlot formé par le Marché-aux-Fleurs, la grande rue que l'on ouvre vis-à-vis le Palais-de-Justice, aussi les rues de la Cité; cet îlot renferme les rues de la Pelleterie, de la Vieille-Draperie, de Gervais-Laurent, de Sainte-Croix et du Marché-aux-Fleurs. Les démolitions des bâtiments renfermés dans cet îlot (principalement ceux des rues Gervais-Laurent et Sainte-Croix) assainiraient et embelliraient le quartier de la Cité, en produisant une économie d'au moins moitié sur la dépense de l'emplacement proposé quai Malaquais.

DÉTAILS PARTICULIERS A CHACUN DES TROIS PROJETS.

PREMIER PROJET.

NOTA. Ce projet a été lithographié dans l'édition publiée en 1842 ; j'ai cru devoir ne pas le rapporter dans celle-ci, attendu que le plus grand nombre des personnes qui ont eu connaissance de ces projets ont donné la préférence au deuxième et au troisième.

Les terrains à acquérir pour l'exécution de ce projet sont d'une superficie de 13,686 mètres, au prix de 110 fr. le mètre, ou 418 fr. la toise, prix réduit.	1,505,460f	00c
Les bâtiments de vingt-et-une propriétés à acquérir et démolir peuvent être évalués.	794,330	00
	2,299,790	00
Indemnités pour cause d'expropriation, un quart.	574,947	50
TOTAL DES PROPRIÉTÉS A ACQUÉRIR.	2,874,737	50
La surface des constructions proposées est de 8,314 mètres, au prix de 700 fr. le mètre superficiel.	5,819,800	00
TOTAL DE LA DÉPENSE.	8,694,537	50
A déduire la valeur des terrains et bâtiments de la Bibliothèque, rue de Richelieu.	7,500,700	00
RESTE POUR TOUTE DÉPENSE.	1,193,837	50

DEUXIÈME PROJET.
Place Saint-Sulpice, vis-à-vis le Séminaire,

Les terrains à acquérir pour l'exécution de ce projet sont d'une superficie de 15,112m,75, au prix de 120 fr. le mètre, ou 456 fr. la toise.	1,813,530f	00c
Les bâtiments de trente-cinq propriétés à acquérir et démolir peuvent être évalués.	798,180	00
	2,611,710	00
Indemnités pour cause d'expropriation, un quart.	652,927	50
TOTAL DES ACQUISITIONS.	3,264,637	50
La surface des constructions proposées est de 8,208 mètres, à 700 fr. le mètre.	5,745,600	00
TOTAL DE LA DÉPENSE.	9,010,237	50
A déduire la valeur des terrains et bâtiments de la Bibliothèque, rue de Richelieu.	7,500,700	00
RESTE POUR TOUTE DÉPENSE.	1,509,537	50

TROISIÈME PROJET.
Emplacement de Saint-Jean-de-Latran, vis-à-vis le Collége de France.

Les terrains à acquérir pour l'exécution de ce projet sont d'une superficie de 22,845 mètres, au prix de 90 fr. le mètre, ou 342 fr. la toise, prix réduit.	2,056,095f	00c
Les bâtiments de soixante-douze propriétés à acquérir pour les démolir peuvent être évalués.	1,301,224	00
TOTAL DES PROPRIÉTÉS A ACQUÉRIR.	3,357,319	00
Indemnités pour cause d'expropriation, un quart.	839,329	75
TOTAL DES ACQUISITIONS.	4,196,648	75
La surface des constructions proposées est de 11,160 mètres, à 700 fr. le mètre.	7,812,000	00
TOTAL DE LA DÉPENSE.	12,008,648	75
A déduire la valeur des terrains et des bâtiments de la Bibliothèque, rue de Richelieu.	7,500,700	00
RESTE POUR TOUTE DÉPENSE.	4,507,948	75

La grande différence des surfaces des terrains et des constructions de ce dernier projet pourrait aussi permettre d'ajourner pendant assez longtemps l'acquisition des quatorze propriétés situées rue des Noyers, ainsi que celles des numéros 53, 55, rue Saint-Jacques, et des numéros 2, 4 6, rue Saint-Jean-de-Beauvais. Ces dix-neuf propriétés sont évaluées ci-devant à 413,404 fr., y compris l'indemnité. 516,755f 00c

Le terrain occupé par ces mêmes propriétés est de 142 mètres sur 30 mètres réduits de profondeur, ou 4,260 mètres superficiels, à 100 fr., comme le mieux situé de cet îlot. 426,000 00

TOTAL DE LA RÉDUCTION DES ACQUISITIONS. 942,755 00

Les constructions qui seraient ajournées sur ces emplacements sont évaluées à. 1,338,400 00

TOTAL DES SOMMES CONSERVÉES. 2,281,155 00

La dépense comparative de ce dernier projet avec les deux autres est de. 4,507,948 75

CETTE DÉPENSE SE TROUVERAIT ALORS RÉDUITE A. . 226,793 75

jusqu'au moment où il serait reconnu indispensable de terminer cette construction; mais jusqu'à cette époque la surface des bâtiments serait encore de 9,248 mètres, et la longueur, ou plutôt le pourtour des galeries, de 647 mètres.

TABLEAU

DÉTAILLÉ DES VALEURS DES ACQUISITIONS ET DES DÉPENSES A FAIRE POUR L'EXÉCUTION D'UN DES TROIS PROJETS PRÉSENTÉS POUR LA CONSTRUCTION D'UN ÉDIFICE DESTINÉ A RECEVOIR LA BIBLIOTHÈQUE ROYALE DANS LE XIᵉ OU LE XIIᵉ ARRONDISSEMENT.

	SURFACE DES TERRAINS à acquérir.	VALEUR DES TERRAINS et des bâtiments à démolir	ESTIMATION des CONSTRUCTIONS NEUVES.	TOTAL DES DÉPENSES.	TOTAL DES DÉPENSES, déduction faite de la valeur de l'ancienne bibliothèque.	SURFACE des CONSTRUCTIONS.	LONGUEUR des GALERIES.
Premier projet.	13,686 00	2,874,737 50	5,819,800 00	8,694,537 50	1,193,837 50	8,314 00	529 00
Deuxième projet.	15,112 75	3,264,637 50	5,745,600 00	9,010,237 50	1,509,539 50	8,208 00	731 00
Troisième projet.	22,845 50	4,196,648 75	7,812,000 00	12,008,648 75	4,507,948 75	11,160 00	785 00
Avec l'ajournement proposé . .	18,585 50	3,253,893 75	6,473,600 00	9,127,493 75	2,226,793 75	9,248 00	647 00
Bibliothèque, rue de Richelieu.	10,677 00	. . . .	. . . .	. . . .	. . . .	6,723 00	394 00

Nota. On croit devoir faire remarquer que l'administration des contributions directes retirerait un très-grand revenu annuel par les impositions que produiraient les constructions exécutées en peu d'années sur l'emplacement de la Bibliothèque, rue de Richelieu, lesquelles constructions tendraient puissamment à centraliser le commerce et à arrêter son éloignement des quartiers où il s'était fixé.

Ce résultat serait obtenu par une dépense de
{ 1,193,837f 00c pour le premier projet;
1,509,537 50 pour le deuxième projet;
4,507,948 75 pour la totalité du troisième projet;
2,226,793 75, en réservant les bâtiments rue des Noyers.

PARIS. — TYP. LACRAMPE ET COMP., RUE DAMIETTE, 2.

EMPLACEMENT proposé dans le onzième Arrondissement pour la construction de la Bibliothèque Royale.
Ilot formé par la Place St Sulpice, les Rues des Canettes et du Four jusqu'au N°51, prolongement de celle de Madame.

PROJET d'Édifice à construire vis-à-vis le Séminaire S.t Sulpice
pour y transférer la Bibliothèque Royale.

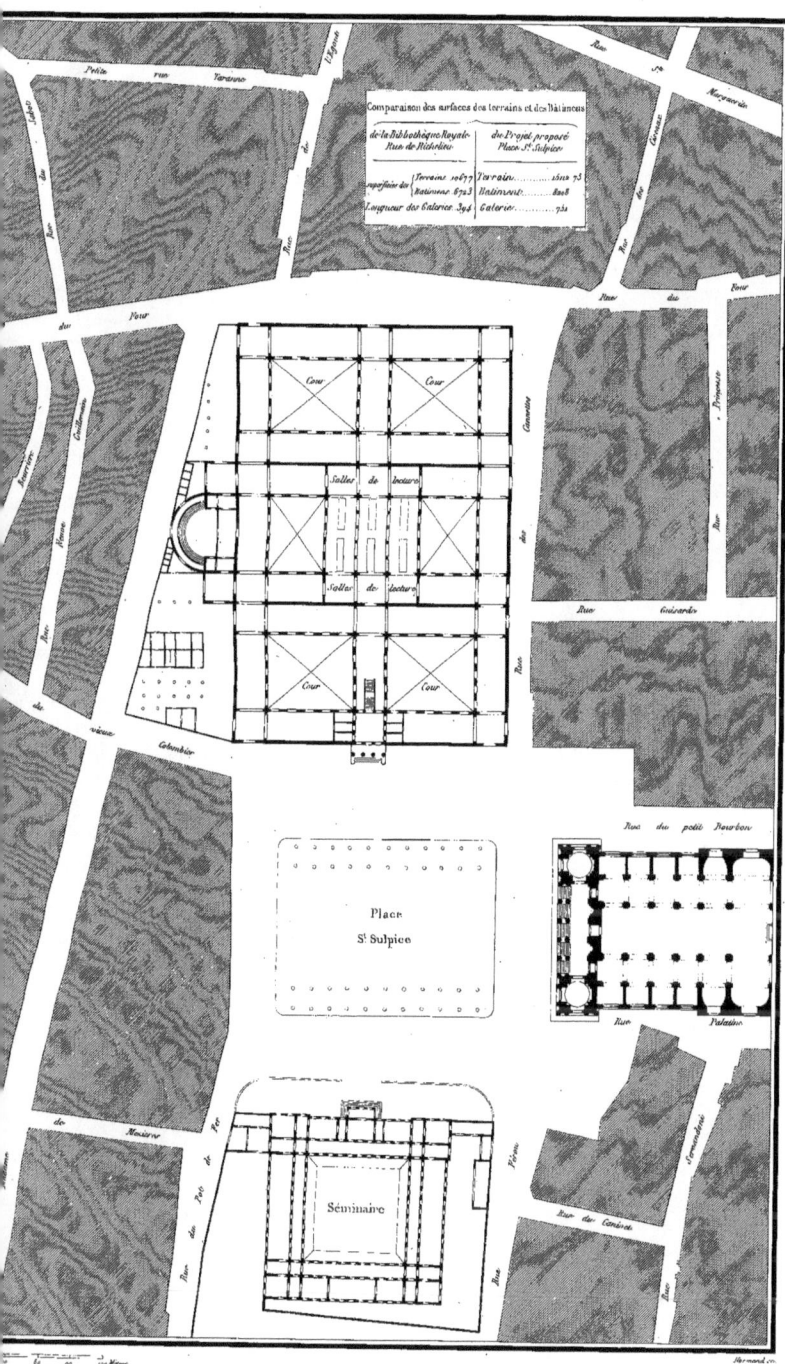

PLAN GÉNÉRAL INDIQUANT L'EMPLACEMENT PROPOSÉ POUR TRANSFÉRER LA BIBLIOTHÈQUE ROYALE DANS LE XIe ARRONDISSEMENT

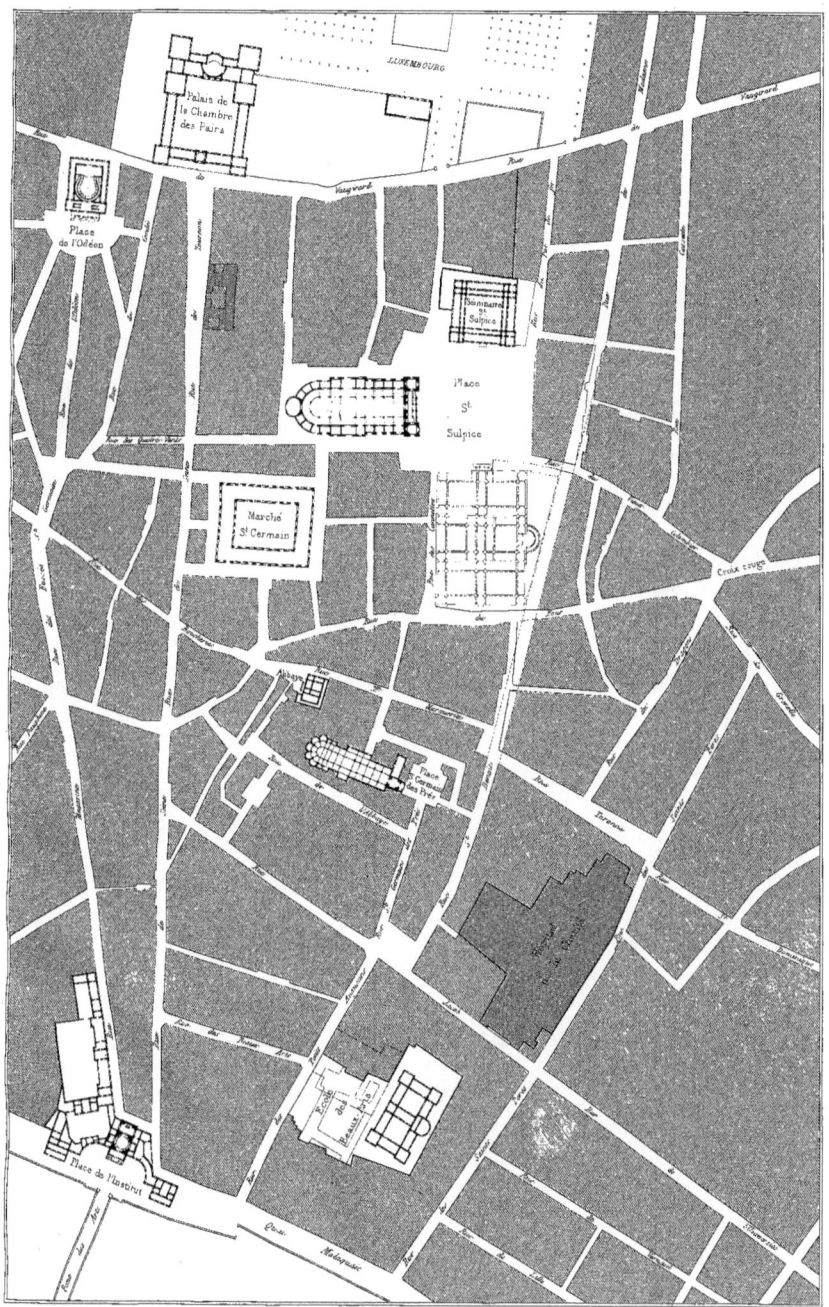

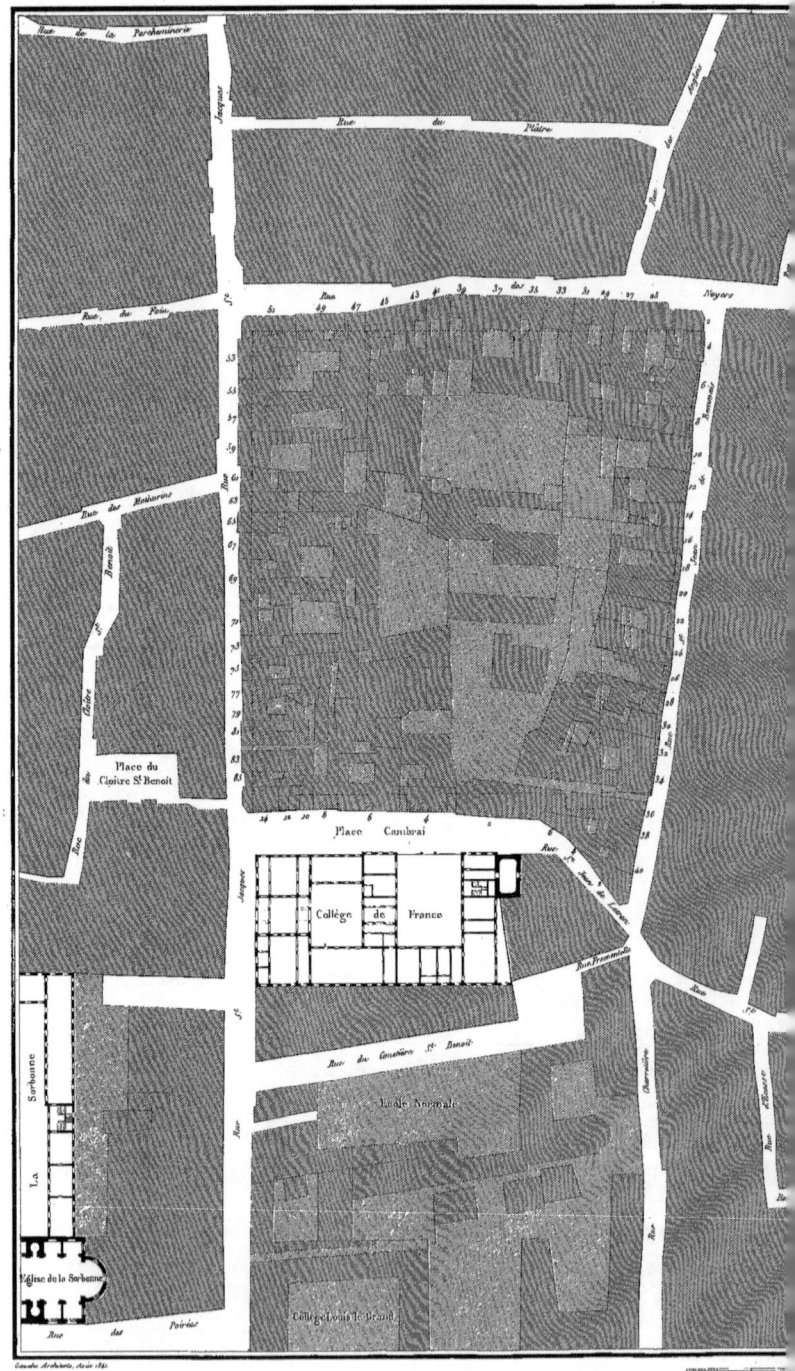

EMPLACEMENT proposé dans le douzième Arrondissement pour la construction de la Bibliothèque Royale.

Enclos de St Jean de Latran vis-à-vis le Collège de France.

PROJET d'Edifice à construire vis-à-vis le Collège de France, pour y transférer la Bibliothèque Royale.

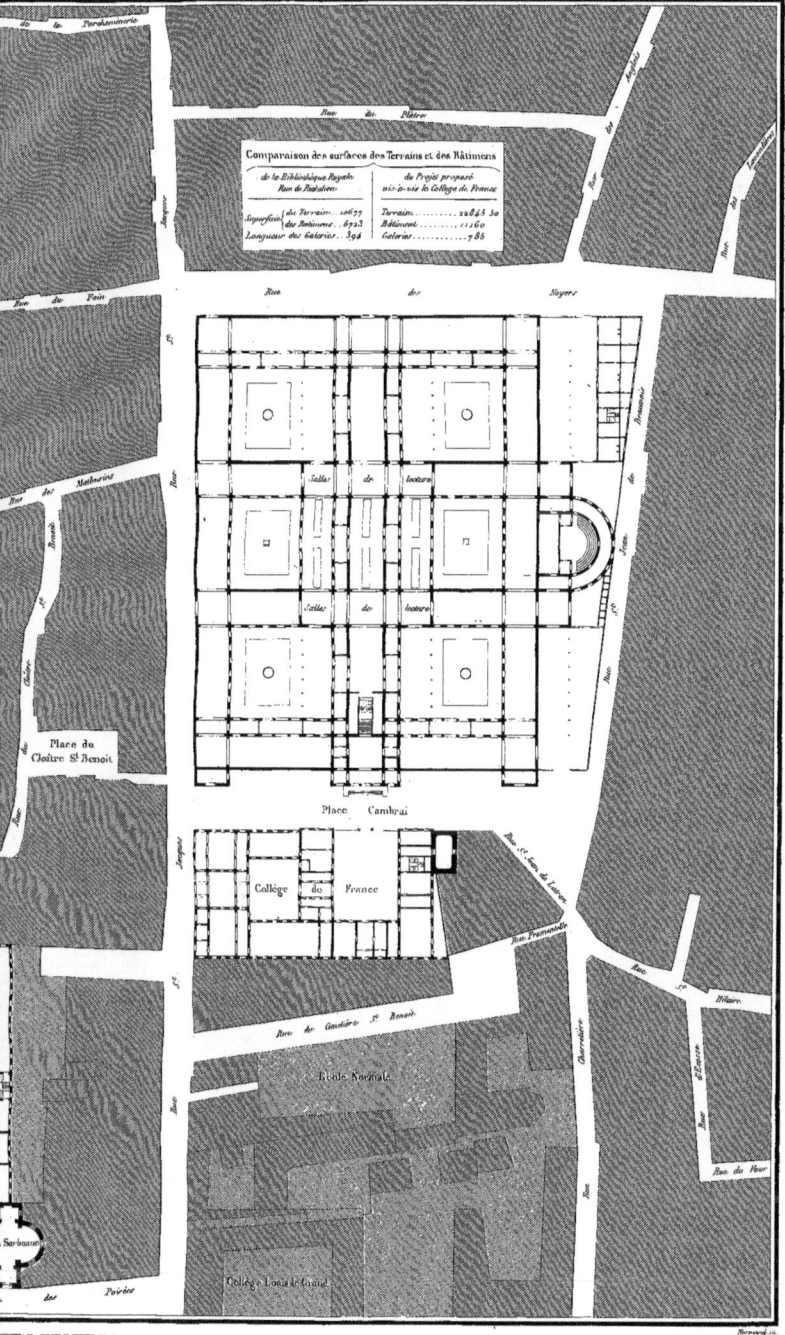

www.ingramcontent.com/pod-product-compliance
Lightning Source LLC
Chambersburg PA
CBHW060907050426
42453CB00010B/1591